Alborada

Poesía

Marcela A Lotta

Del Alma Editores

Título:Alborada

Autor:Marcela A. Lotta

Prólogo:Ana María Burlando

Editora:Gladys Viviana Landaburo

Diseño: Julia Grover

Email:juliagogrover@hotmail.com

© 2015 Del Alma Editores

Email:del_alma_editores@yahoo.com.ar

ISBN: 978-987-3907-00-5

Dedico este libro a la memoria de mis padres quienes supieron darme la sensibilidad para escribir.

A mis dos maravillosos hijos Diego Javier y Martín Andrés.

A mi amor Miguel, que llega en el atardecer de la vida para transformarlo en un nuevo amanecer.

A Ana María Burlando quien afectuosamente prologó este poemario y por haber estimulado mi fuego sagrado creador y mi confianza.

Prólogo

Es el propósito de todo poeta llegar a ese recóndito lugar del alma donde las emociones aguardan ser sorprendidas por el sentimiento que las palabras despertarán en el lector. Y Marcela posee esa inefable virtud de lograrlo porque un poeta no es otra persona que aquella que puede infundirle al verbo ese destino, que está en el sentimiento de todos los que piensan poéticamente pero no lo expresarían nunca con esa belleza, con una intensión, ni con esa definición tan clara y profunda. Pero ese es el mérito o el don de los que poseen el fuego sagrado del arte, la palabra que no sólo es dicha, que sugiere.

Marcela no solamente nos dice con belleza y armonía. En sus versos hay música, colores, en fin una conexión que es la suma de todos los dones que nos ofrenda generosamente un universo que a ella no le es indiferente, que ve tanto a través de las flores, los ríos, el mar, sus montañas y el tiempo transcurrido, como en su mundo interior donde todos los sentimientos se conjugan entre sí como la dulzura, la dicha y a veces hasta el dolor, que no ha de vencerla porque posee como arma la más pacífica y noble con que Dios ha dotado a los hombres en esta tierra: la palabra, de quienes viven un constante renacer.

Ana María Burlando

Todo el amor…

Encuentro de soledades

Tu soledad se acercó a la mía
con paso suave y cautela
con miedo a ser rechazada;
buscaba una caricia perdida
que aquella soledad le soltara.

Mi soledad la observó con duda
cansada de angustias y dolor
pero al verla llena de color
con sonrisas pidió ayuda
al desierto del soñador.

Ambas soledades despertaron
amándose en armonía
transmigraron su alegría,
al silencio derrumbaron
sin emprender la huída.

Dejaron de llamarse soledad
Ahora se llaman COMPAÑÍA

Atrapando el cielo (a la memoria de mi madre)

Dejas el mundo,
desnuda, descalza,
con las llagas de la prueba superada
después de la cuaresma
-último testimonio de tu fortaleza-
para pisar arenas de las nubes,
iluminar a las estrellas,
aromatizando de jazmines al tiempo
así como atrapando el cielo con tu alma.

A él perteneces,
es el cielo tu cuna de Fe
y te albergará tal cual eres: ¡Regina!

Seguramente,
caracolas de astros decoran tu nueva morada
y entre el mar impregnado en tu esencia
y el paraíso tan ansiado, logrado al fin,
te paras erguida
-luego de deshacerte de la giba de dolor-
sonriente y triunfante
 reencontrándote con aquellos seres queridos que añorabas…

    ¡Chimanguita! …Escuchas nuevamente de la voz de tu padre
    y el abrazo es interminable como si cincuenta años no
    hubieran pasado…

-Ay Mamá-
Suspiro hondo reteniendo tu suave perfume
 pero tranquila porque sé de la felicidad que sientes ahora
al haber alcanzado la paz de la vida eterna.

Los niños han crecido

Los niños han crecido
ya no corretean en casa,
no hay juguetes en el piso
y me enorgullece verlos volar…
 La conjunción de sus almas y sus valores
iluminan al mundo en que despiertan.

¿Qué puedo decir, si los amo,
más que gracias a la vida, al padre y a Dios?
Siento en mi pecho el amor.
Siento en mi sangre el alboroto de la madre
que ve dos hombres a quienes acunó
cálidamente en sus brazos…

Los niños han crecido
y ya no hay juguetes en el piso.
Solo hay un alborozo en esta madre
y un sinfín de emociones que me regalan
imposibles de escribir.

Mi poema más triste (a la memoria de mi padre)

El día que te fuiste
a tu nube de algodón,
llovió, diluvió, a cántaros.
Pensé que hasta el cielo lloró.

Hoy cumplirías 75 años
y ha vuelto a llover.
Por qué papá ¿estás triste?
si te gustaba ver amanecer...

Mis lágrimas que estoy derramando,
se mezclan con las gotas de lluvia.
Las someto, las voy callando,
para que no descubras mi angustia.

¡Cuánto dolor que me quema!
¡Cuándo llegará el consuelo!
Es el poema más triste
que he escrito en mi desvelo.

Hoy mi pluma no tiene tinta
tiene lágrimas de duelo.
Por tus nietos sigo viva...
si no fuera por ellos, muero.

Amor maduro (Romance)

En esta edad de la vida
amarte es un gran acierto;
día a día es elegirte,
sentir latiendo mi pecho,
saber que quiero cuidarte
cuando ya estemos bien viejos,
traer a nuestra casita
a nuestros amados nietos…
Pero hasta que ello resulte
seguir viviendo el momento;
y como única premisa:
mimarnos, estremecernos,
compartir las alegrías
y luchar por los proyectos
de este atardecer muy juntos
coronándolo de besos,
endulzando de caricias
algún gris de los cabellos.

Observándote

Te miré
Te observé,
te miré y grabé tus gestos.
Llené mis ojos de vos
capturé tu imagen en mis pupilas
-desde todos sus ángulos.-
Gasté mi vista en tu rostro
porque así lo deseé,
porque me gustas
y me gusta contemplarte.
Y será esa imagen guardada
en mis retinas
la que me acompañará
cuando te extrañe
          como
          está
          pasando
          en
          este
          momento.

          …Si te desdibujas…
          ¡Ay de mí!

Quisiera ser esa

Quisiera ser esa
que aplaca tu sed
que bebe tus ansias
que habita tu piel,
que es imperfecta
humana y capaz
de entrar en tu alma
y de hacerte soñar.

Quisiera ser esa
que a tu lado despierte
de noche te entregue
lujuria y placer.
Que logre adueñarse
de todos tus besos,
que acaricie tu pecho,
y que descanse en él.

Quisiera ser esa
que seque tus lágrimas,
escolte tu paso,
y te evite sufrir.
Quien te baje la luna
para que te acune,
te acoja en mis brazos
te haga feliz.

Quisiera ser esa
que llegó a tu vida
un día cualquiera
por casualidad,
y de ahí en adelante
cada día me elijas
como compañera
en tu caminar.

Silencios enamorados

Haces placenteros hasta los silencios
que evocamos juntos
para que nuestras almas hagan el amor
en simbiosis perfecta
en comunión de espíritus.
Son esos silencios
que conjugan todos los verbos
y que se hacen escuchar
en campanas de luz
irradiando ternura,
calor del roce tibio
de tu cuerpo junto al mío
cuando reposo mi cabeza en tu pecho
y me encuentro entre tus brazos.

¡Benditos silencios enamorados
que avivan nuestro más puro amor!

Reinvéntame

Dibuja mi silueta
con el dedo índice
marcándolo en el aire.
 Hazlo en la penumbra,
a solas con vos mismo
cuando me necesites a tu lado
y sostenme en tu mente,
alójame en tu piel,
abrázame abarcándome entera,
y ahí estaré para acompañarte
para enredar nuestras almas….
Reinvéntame a tu antojo,
maleable al capricho de tus manos,
con la forma exacta de tus huecos
con la sonrisa que te enamora de mí
…Y ahí seré a tu lado
en melodiosos suspiros
para darte la razón más probada
de que existimos y nos pertenecemos.

        para amarte una vez más

.

    porque veo a través de tus ojos
    y siento a través de tus latidos
    y somos uno que formamos un nosotros

En aquel momento

No supe en aquel momento,
que esa noche de luna
iba a descubrir un nuevo fulgor en las estrellas,
que indicaban que eras tú
el hombre que se adueñe de mi corazón.
Quien sepa borrar los silencios de mi piel
y que llegue a mi playa como espuma blanca
-melodioso vaivén que sana la arena de mis heridas-
y entre caracolas seas señalado para entibiar mis noches
con caricias de tus manos de fuego.

No supe en aquel momento
que las conjunción de nuestras almas claras
se estaban enamorando antes que nuestros cuerpos,
que el cielo fue partícipe fusionando nuestras historias
para luego ligar mi destino al tuyo y el tuyo al mío
en un vínculo poderoso, sublime, inigualable,
que jamás habíamos experimentado.

No lo supe en aquel momento
pero lo sé en este instante,
a través de las horas que han pasado
viviendo días de plenitud en la entrega total
donde ambos sabemos que, pase lo que pase,
decidimos ser el complemento del otro
para bailar juntos la misma música por siempre.

Palabras entrelazadas

Pocas palabras
amarradas al sueño,
complacientes,
leales y acertadas.
En la frescura del pensamiento
se alojan en mi boca
 salen impávidas
y no me arrepiento
ni de haberlas pensado,
ni de haberlas dicho,
ni de haberlas escrito.
Son pocas y se enhebran
al buen oído, al buen gusto
de las palabras de mis versos
creadas para vos.

Un día de lluvia

En este día de lluvia
cada gota que cae,
me abraza a tu piel.

Son diamantes cristalinos,
lágrimas del ángel,
y tus brazos, mi refugio divino.

Guarecidos en nuestro amor
las gotitas repiquetean
al igual que nuestro corazón.

Escondidos del frío
en aquel establo vacío,
tus manos secan mi rostro,

nuestros ojos se hablan,
piden, desean, aman,
Entregan la verdad del alma.

Y es en un beso infinito
donde recibo tu calor
dando bríos de pasión.

Te amo. Sí, te amo.
Y en este día de lluvia
cada gota que cae,
me abraza a tu piel.

¿Será pedir demasiado?

En una noche altanera,
que nunca nos revelará sus secretos,
las estrellas se acercan a beber tierra de Sol.
El silbido del viento
golpea la copa del joven álamo
quien parece aferrado a sueños fértiles
aún en la oscuridad de la noche.

Yo, invitada a este espectáculo
revelo la simpleza de mis deseos:

Un ramillete de violetas
simples, frágiles, aromatizando
una a una tus caricias.
Un sol que nos nutra de vida
y otorgue calidez al espacio que concebimos,
donde sus rayos sean tenues violines.
Un te amo sincero, colmado de besos
donde juntos saboreemos
la dulzura en pequeños y cotidianos bocados.

¿Será pedir demasiado?

Designios escondidos

No existe el destino cuando dos almas se encuentran.
Ni todas las almas se gestaron iguales.
Son los designios escondidos
quienes unen a dos ideales;
sus mismas manos, sus mismos sueños,
ojos que ven un poco más que otros,
dando una única conexión mágica e indiscutible.

Vaya, que esto lo aprendí ahora,
y por fortuna se me presentó hoy.
Comprendo pues, los maltratos emocionales
de aquellos que no estuvieron a mi altura vehemente
y me uno al fin a seres con luz propia
para que juntos iluminemos la vida por venir.

Soy frágil

Podría maldecir el momento
en que tus ojos se cruzaron con los míos,
pero no soy de esas, no soy.

Podría abrir el cauce a mi río de heridas incurables
y dejarte infectar de tóxicas nostalgias,
pero no soy de esas, no lo soy.

Más podría conjugar el verbo ausencia de ti
en pretérito, en presente, en futuro imperfecto,
en mis sábanas, en mi almohada, en mi piel,
con el sentido de hacer mella, mostrarme débil…
pero no soy de esas, no lo soy.

Soy frágil, no débil, no te confundas,
que sin necesidad de muecas,
me quiebro pero no muero.

De una y mil maneras

Sosiégate en mi cuerpo a tu antojo,
rózame el cuello con tu boca.
Deja que me encuentre en el almendra de tus ojos
y fundirme en ti con este amor que me provocas.

Pinta en mí todas las flores
con tus manos de alfarero enamorado,
saborea en tus sentidos mis dulzores
templando el hechizo consumado.

Abierta y plena te recibo vida mía
envolviéndote con mi piel que te desea
en lienzos de pasión enloquecida
amándote de una y mil maneras.

Un color

Abriré un celeste cielo,
para cobijar mi alma del dolor.
En un gris de pluma antigua
- que escurre en picada descendiente
por la ladera de lo eterno-
reclamaré el color a la felicidad.
Resguardaré de remolinos de huracanes
los mejores tesoros que he vivido.
Y colocaré en cadena de perlas
el azul que me devolvió a la vida.

Intuirte

Intuirte al cerrar mis ojos
dejando caer la cordura,
para estacionarla en la puerta del mundo
y así vivir plenamente
este amor que no se quiere equivocar,
es, sin lugar a dudas,
alimento a nuestros deseos de ser felices,
a nuestras ansias de descubrirnos,
a nuestra certeza de volver a elegirnos.
La vida nos unió por casualidad
y decidimos deliberadamente
prolongar nuestra unión
al darnos cuenta que estar juntos
es lo mejor que nos puede pasar.

A tu boca

Son tus labios en mi boca
responsables de estremecerme
y me rindo a tus besos
donde logras todo de mí
hasta la locura de la marejada
del fuego de este único amor
capaz de enfrentarse
a todos los grises
y a todas las tormentas.

Fortalecida en espíritu
por el poder de tus besos,
por las caricias más suaves,
por tus gestos de luz que me regalas,
amanecida de alba,
ungida de vos,
salvada en los sueños,
...te beso
...me besas
      y es real esa boca tuya
      ¡pero tan mía!.

En tu alma

En plenitud
 me deslizo,
delicada y etérea,
como recital de luces,
volcán que precipita
mi piel en tu piel,
creciendo gota a gota…
      por tu alma.

Risueña e inquieta
me alojo en tus poros
acurrucada,
pequeña y madura
en trinos de infancia
sabores de avellana
corriendo…
      por tu alma.

Y ahí me quedo
para ir y venir
desde el alfa al omega
tejiendo más amor
a tu antojo de anfitrión
y como huésped me invito
a vivir…
      en tu alma.

Qué hay después de ti

Qué hay después de ti...
Si te llevaste la ilusión vestida de blanco
en mi maleta de los sueños eternos.
Ladrón resultaste de aquellas sonrisas
que me pintaba el amor al verte.

Qué hay después de ti...
Solo migajas de algún vano recuerdo
que lacera mis espejos transparentes
colgados en la pared de una fría habitación
que sabe de ti, que supo de ti.

> Poco queda después de ti...
> y lo que queda no es bueno.
> Pero lo peor es que,
> por más que me esfuerce en limpiar,
> siempre hay una pelusa con tu nombre.

Vestida de vos

Esta mañana me visto con tus caricias
que anoche se prodigaron en mi piel
-caricias que traías atoradas
y que encontraste en mí
el refresco para soltarlas-.

De zapatos llevo nubes
porque en el cielo habito desde que recibo tu amor
y hacia allí me elevas al hacerme tuya
cuando vibro entre tus brazos.

Tu perfume se disuelve en mis poros
y todo tú eres caramelo para mi alma
-dulzor que me embriaga
y me hace emerger auténtica-.

Así voy por la vida
desde que llegaste a mi lado,
tarareando una melodía de jazmín
y demostrando a diestra y siniestra
que cada día más TE AMO.

Hasta el último de los días

Mi rostro
evidencia la inmensidad de lo que siento…
un mar de sentimientos que baña tus orillas,
las besa y bebe de tu sal.
    y todas las ansias,
     todas las ganas,
     todas las ilusiones,
dan el sentido al haber nacido
de haber caminado entre precipicios
   de haber
c
a
í
d
o
y de alzar la cabeza para por fin *encontrarte*
   y verte
   y sentir
que el hombre entre los hombres
está a mi lado para amarnos
 hasta el último de los días.

El mejor refugio

Te guareces en sus brazos
desoyendo lo incierto.
Te estremeces en el beso
con la magia de los sentidos.
Te cobijas en sus dedos
cuando recorren tu cuerpo.
Te acurrucas en sueños de felicidad
en un lugar de su pecho…
Y descubres, ahí mismo,
cuando apoyas tu cabeza en su torso,
que ese es el mejor refugio.

La novia florece (Reflejos)

La luna se asoma
remansa cautiva
sintiéndose viva
se asoma la luna

Su cara no oculta
de noche plateada
plateada de noche
se muestra, exulta.

confesos amantes
descubren secretos
se muestran discretos
amantes confesos

la luna se exalta
la novia florece
florece la novia
y el beso asalta.

Reflejos: estructura creada por mi admirada poeta y amiga ecuatoriana Ana Cevallos Carrión.

Miradas…

Imagen reveladora

La imagen era reveladora…
Un recorte en la ladera de la montaña
de piedra lustrosa,
reflejaba mi figura distorsionada;
herrumbre entre las grietas
nacidas por el paso de los años y la erosión
que se habían marcado con sigilo.
Y yo, hice una mueca frente a la piedra,
y luego otra y otra y otra…
y no pude evitar reírme hasta el llanto.

Ahí está el poeta

Ahí está el Poeta
para ser tragado de un sorbo
en la avidez de entrar a su infinito.
Fantasías dibuja y caemos con él
a un submundo de magia.
Luthier de liras de inspiración
y resplandor de arrebatos…
Atesoro cada verbo, cada coma,
en la escalera que me propone subir.
Y es en cada verso, donde mis venas
se confunden con sus renglones,
cuando soy peregrino
 en su sendero de letras.

Caminos

Hay caminos
que no han sido pisados
y que esperan mi huella,
invitándome a andarlos.
Se anillan los cruces
en la punta de mis zapatos.
Sin mapas ni señales,
su vaho tibio
atrae hasta las víboras
y el viento silba
la soledad de la piel.

Hay caminos
que no he pisado,
pues se los ve atorados
desde la altura de mis hombros,
que se encierran en callejón
de angostura intransitable.

Hay caminos de ensueños
¡Por esos quiero andar!
Aunque no pasen por mi puerta
ni por la esquina de mi realidad.

Las cosas

Testigos fieles de tus lágrimas,
saben que has matado a un sueño,
escuchan tu torpeza de animal gruñón,
soportan tu risa ante la caída en el fango.
Guardan celosos tesoros familiares
como también crueles pesares
que las han lastimado en épocas de ira
cuando eras pequeño y no veías.

Pero las cosas han hablado con las paredes
y estas con las ventanas
y las ventanas se lo gritaron al viento…
Así, tus secretos fueron diseminados por tu barrio
llegando a las casas vecinas…
…Ahora las cosas de los otros
saben de ti
y
te extorsionarán.

Mi árbol de notas musicales

Colgué mis sueños en el perchero
y no pude vivir.
Dejé de caminar descalza,
 y no fui feliz.
Tambaleé entre riscos cual parapente
 y rendida en insoportable amargura,
en algún foso, caí.

Tomé entonces del perchero a mis sueños,
tiré los zapatos,
me erguí a centímetros del suelo y así,
marché para abrazar a mi árbol de notas musicales.

Puedo decir, ahora, que volví a ser feliz.

Piedra libre, Ave Golondrina

Cruzaré océanos y sobrevolaré montañas.
Llevaré en el pico una flor y un te quiero, en mi hazaña.
-No me aten las alas al vuelo
que planeo segura a ser su consuelo.-
Rasante, atravesaré mares profundos, con mis alas abiertas
Para abrazar tu figura, aún cuando no te des cuenta.
-Migraré en grupo a cálidas tierras
Cuando el frío congele mis miserias.-
Cincelaré en la piedra palabras saltarinas
formando manantial del agua llovida.
Recogeré aquel manto donde te escondías
y gritaré a los vientos: ¡Piedra libre… Ave Golondrina!

Va paseando la Luna (guaroj)

En un tren de medianoche,
disipándose la bruma,
los amantes se asombraban,
iba paseando la Luna.
Espectáculo de luz
magnífica su hermosura
de la reina venerada
reposando en la laguna.
En un tren de medianoche
iba paseando la Luna.

La florista (guaroj)

En un canasto de mimbre
puse lazos de colores,
jazmines, violetas, rosas,
cargo las más lindas flores.
Me las compran caballeros
para dar a sus amores,
las mujeres se las llevan
para adornar sus balcones.
En un canasto de mimbre
cargo las más lindas flores.

Montañas

Montaña de piedra y arbustos
te elevas ceñida entre otras montañas.
Se confunden sus picos desiguales,
acoplan sonidos, encierran misterios…
Delante tuyo, me impregno los ojos
con tu inmensa hermosura
¡Me atrapas el alma!
la estrujas, conmueves
y saltan recuerdos
de mi tierna infancia.
Roca compacta,
entibia el sol tus laderas
y asoma un cielo diáfano
perdiéndose en los precipicios
confundiendo firmamento y tierra.
Un río se te escapa entre tus manos
y a un valle frondoso
le custodias la vida,
secando con vientos secos
las lágrimas de mis ojos
ante tu imponente belleza.

La mendiga

Está contenta.
Sonríe mostrando sus pocos dientes.
¡Es domingo!
Se levanta temprano.
Sus tripas rugen.
Las sacia con un mendrugo de pan viejo.

Calza sus zapatos color a ilusiones perdidas,
su saco de lana remendado de años mozos
desgastado por las injusticias sociales,
y un pañuelo de flores marchitas en la cabeza
que cubre sus desprolijos cabellos canos
ocultando una mente que alguna vez imaginó un final diferente para
su vida.

Entra en la Avenida con pasos cortitos entre miradas de desprecio,
pidiendo perdón con el gesto de agachar su frente,
hasta llegar a su sitio dominguero
adueñándose de un rincón de la entrada a la Iglesia.

Allí se sienta,
extiende su mano y pide "una limosna, por favor".
Es domingo,
posiblemente a la noche pueda comer un plato de sopa caliente
con las dádivas recibidas de los feligreses,
que han dormido en buenas camas,
y que irán a redimirse de sus malos actos ante el Señor,
siempre que, claro está,
depositen una moneda en su mano y quieran verla.

Trayecto

Con paso feliz
iré destapando las nuevas jornadas,
aquellas que morderé con fuerzas
a sabiendas que son las últimas
y sin dejar deudas pendientes.
Encaminada en el tramo más complejo de la vida,
haré estrellas de las noches y soles de los días,
sin confundir el pasado aprehendido,
sin olvidar a la niña que siempre vivirá en mí.

Este trayecto lo haré liviana,
descalza de falsas máscaras,
con la intención de detonar
la flama de mi fuego sagrado creador
junto a mi compañero, mi gran amor,
que llega a mi vida en el atardecer.

Y así andaré
predispuesta a sembrar y cosechar,
como me enseñaron mis padres
quienes supieron
cuál es el equipaje exacto
que debo llevar en este viaje,
 hasta el reencuentro con ellos.

Campos florecidos de lino

Era una tarde celeste,
una tarde soñada en almohadas de plumas;
suave era la brisa y suave el canto de los pájaros.
Delante de mis ojos
se abrazaban tierra y cielo en un celeste interminable.
El campo florecido de lino se acercaba a mi paso,
me invadía la continuidad del color
y era cielo, horizonte, lino florecido...
todo el celeste cabía en mis ojos.

¡Qué satisfacción inmensa ver e impregnarme
de tan delicado tono de la naturaleza!

Mientras lo contemplaba comprendí
que el color armonioso del paisaje
me brindó una de mis mayores alegrías.
Cuánta magnificencia increíble coronó esa tarde,
incomparable con las demás tardes,
en el campo florecido de lino.

Espantapájaros

Pájaro, cuervo hambriento:
¡No son presas las semillas!.
Ven, enfréntate a mí,
picotéame, lastímame, una vez más,
he caído al precipicio
empujada por tus garras
y desdoblada en cien seres,
pero no has podido romperme...
Soporté en mis anchas espaldas
tus afiladas alas,
que en vuelo rasante,
escupían daño.

Espantapájaros me siento
si de cuidar mi siembra, se trata.

Con los almácigos no te metas
pues, así como me ves,
mis uñas irán directo a tu yugular
si tocas las semillas y su alma.
No las dañes, ave rapaz, mejor vuela lejos…

Soy espantapájaros que vela su plantación
y mi cuerpo de madera y paja toma vida,
para defender mis cultivos,
aun con la muerte.

Astillas de mis egos

Astillas
que desgarran el sopor del cielo
para luego reírse en todas propias caras.
Carcomen mi yo y todos mis yo
en infinitos latigazos de insomnes
parias en conjuros consabidos.
      Van cayendo
      de a uno
      astillados
sin más caretas que la calavera
en libertad de oscurecimiento,
y sin ropaje, caen muertos…
      -Han mordido de la cordura
      sus esquinas de azúcar-.
Renacerán en nuevos delirios
que querrán ser
agonía de la luz o luz de la agonía.
      Y desearán irse como astillas
      y volverán incrustándose como astillas.

Contrapunto

Sobre la rompiente del mar
en gotas saladas de océanos
quedaron suspendidos
un verso
una flor virgen
y tu beso.

Sobre la extensa llanura
verdecida y con aroma a tierra mojada
están en movimiento
el pájaro azul
las estatuas de arena
y mis deseos.

Sobre la mañana de abril,
otoñal resaca de boca amarga,
resultan inertes
el frío que hiere
el calor que tuve
y tus gafas.

Sobre la copa del álamo
que alcanza el cielo y lo abraza,
se desplaza libre
el poema que aún no nació
un montón de semillas
y mi ilusión.

Duerme mi pequeño angelito - Guaroj

Duerme duerme mi pequeño
que en mi pecho tú anidas,
los duendes te cuidarán
en los brazos de mamita.
Descansa bien tranquilito
sabes que mamá vigila
que nada turbe tu sueño,
las hadas serán amigas.
Duerme duerme mi pequeño
en los brazos de mamita.

Duerme con una sonrisa
reposa y juega con niños,
mientras despacio te acuno
duerme duerme mi angelito.
La señora luna mira
como cierras tus ojitos,
las estrellas tararean
y a las nubes dan cobijo.
Duerme con una sonrisa,
duerme duerme mi angelito.

Duerme duerme mi pequeño
te tomaré las manitas
así te sientes seguro...
duerme con una sonrisa.
Eres regalo del cielo
eres una luz que brilla
eres parte de mi sangre
contigo volví a la vida.
Duerme duerme mi pequeño
duerme con una sonrisa.

Indefinidos

Algunos poco,

tantos bastante,

bastante poco

mucho de nada.

¿Demasiado?

Un poco de algo,

unos ninguno

y otros (varios) demás…

Tan escaso es todo para muchos

y suficiente para aquellos definidos.

Todo es exagerado para algunos

¡Nada de nada!

(poema utilizando adverbios indefinidos)

Buenos Aires, mi ciudad

Dicen que imita a las grandes
que tiene acento europeo
pero yo solo la veo
como una novia gigante.

Mimó a los inmigrantes
que hechizados se quedaron
hasta sus hijos le entregaron
y aquí ¡Soy! Porteña, bisnieta amante.

Abraza a los transeúntes,
se llena de continuo smog
tose y tose el bandoneón,
aunque un tango se despunte.

Le hace al amor a la Boca,
es chancha en el Riachuelo.
Siempre a punto de tomar vuelo,
al silencio lo abandona.

Besa las calles y avenidas,
arde su asfalto y empedrado,
esconde luz, pasión, ilusionados,
nunca se muestra abatida.

Festeja en Avenida Corrientes
debajo del obelisco…
Hace un cortado asterisco
cuando protesta su gente.

Arrabalera y arrogante:
Carne, fútbol, dientes, mate,
tango, sabios, ciencia, arte,
puerto, río, asado, bares.

Mi ciudad es seductora

nunca te hará un desplante;
es una novia gigante…
Buenos aires te enamora.

Soy humo tóxico

y soy aire de este putrefacto cigarrillo
que está en mi boca
pegado con cola plástica,
que consume mis nervios,
que me consume
y que me eleva a un infierno
que no me pertenece
-pero que si merezco-

formo nubes,
altas nubes de alquitrán y nicotina
dentro de mi pequeñez humana…

sufren mis seres queridos
por mi enviciado y estúpido hábito
de haber elegido ser
una mujer de humo.

y caigo hecha ceniza
en el agujero de la capa de ozono;
me echarán la culpa a mí
de haber contaminado.

Tiempos de nostalgias…

Luna enamorada

Esta manía de amar lo imposible
saberte lejano, brillante y ardiente.
Y yo, simplemente una Luna enamorada
de quien no visita la sombras...

> ¡Oh Sol! Si supieras de mi infierno
> de amarte y no tenerte...
> Recibe mis estrellas que fugazmente
> te lanzo para que voltees y me veas...
> Pero no, no te percatas de mis misivas,
> no sabes de mi amor por ti, mi Sol.

Devastada la esperanza,
me elevo en la noche
sola y oculta en un cielo oscuro
que me ha vedado la ilusión de ser tuya.

> ¡Oh Sol! Guíñame un ojo ,
> dame solo un instante durante este eclipse
> para que pueda declararte mi sideral amor.

Los suicidios en papel

Me he suicidado varias veces en mis poemas
Me he dejado ahogar en el Océano
con la intención de llegar hasta ti.
He sucumbido ante huracanes de pasión
donde los vientos me han arrojado a un lado,
al lado oscuro de la Luna
en el cual todos yacen y no lo saben.
He muerto en flores y cascadas cristalinas,
en risas elevadas al cielo que no me acepta.

Me he suicidado en colores y en blanco y negro,
en precipicios y llanuras,
en gritos al no querer padecer el cemento
de nuestros jardines disecados.

También me inmolé en silencio,
a solas junto al amor y los sueños…

Es por el atajo que dejó el papel
-que sostuvo mis versos,
como la horca al ahorcado-,
 que vuelvo a la herida para acrecentarla.

…El papel resistió todas mis muertes
 y también resistirá las que vendrán
hasta agujerearse.

Algún día

Algún día tendré que vestir nuevas ropas
y me prepararé para ello
porque solo quiero vivir.

Será el día del viento
cuando otras manos me arropen
-deshojando como no supiste-
los pétalos de mis vestiduras.

Será el día del agua
cuando me sacie con otras bocas
y aprenda a nadar en la confianza
bajo la llovizna sin colmillos.

Será el día de la libertad,
el ansiado día de la libertad,
algún día común,
en el que me dejaré cautivar
por un nuevo amor.

Se fue al atardecer

Se fue al atardecer
y el atardecer se fue con él.
Pasada la noche,
mitad de insomnio, mitad de pesadillas,
amaneció con un sol que me invitaba
a seguir el curso de las mujeres fuertes,
y yo frágil y mal dormida,
me pinté la cara y salí cauta
a hacer esos trámites que nunca pensé hacer
pero liviana…sí, sí, liviana…

El hueco en la cama

La noche cálida, sin casi nada de viento
 en este Otoño que aún no quiere llegar,
fue testigo de la suerte de esa mujer...
Se encontró minimizada dentro de un camisolín
donde ni los sueños acudieron a su rescate.
Zambullida en la inmensa cama que le esperaba,
donde las sábanas no eran de seda y una almohada sobraba,
cayó en el hueco profundo que él había dejado de su lado,
        directo al vacío
        y nunca más se supo de ella...

Parte en dos mi pecho

Parte en dos mi pecho,
deshilacha mis fibras hasta llegar al corazón.
Tómalo en tus manos, arrójalo al río de sangre,
hazlo mientras palpite tu nombre en cada latido.

Saca mis ojos y ofréndalos al rocío de esta noche solitaria,
mezclada de dolor y huesos desnudos.
Tira mi lengua a la manada,
ella ha pronunciado su último Te Amo y fue para ti.

Y mi piel, esa que presumías suave y fresca,
arrójala al baldío, donde las ratas puedan roer de ella.

De mi ensortijado cabello, deshoja cada bucle
y cubre con ellos tu cara de vergüenza,
mientras el viento te lo permita…

Déjame solo la locura, mi linda locura,
que es capaz de reconstruirme
y rescatarme de esta muerte inesperada.

La niña que vive en mí

Siempre vuelvo…
Aun cansada vuelvo a aquellos lugares
donde el aroma a panecillos
resucitan a la niña.
Juego… Siempre juego,
con los números desordenados
de una habitación que supo cómo resolver ecuaciones
en aquel viejo pizarrón.
Sonrío… Siempre sonrío como en esa imagen
de trenzas y guardapolvo almidonado,
medias tres cuartas azules
y de zapatos guillermina.
Amo… y, de tanto en tanto,
añoro a la niña que vive en mí.

Camino por la soledad

Camino por la soledad
de una noche que ansiaba estar a tu lado.
Mi fragilidad vuelve a emerger
a punto de quebrarme.
Me cuestiono los por qué y los para qué
sin saber o no querer ver las respuestas.
Dejo en manos del más grande,
ese destino tan incierto que se me presenta
y mientras tanto,
nuevamente sumergida
en el lugar donde moré otros años,
lloro por dentro esta gran angustia.

Si nada es al azar

Si nada es al azar, me animo a asegurar que esa
mosca
 que se posa impertinente sobre tu imagen del
portarretratos
 de marco de madera bombé apoyado en la mesita de
luz
que aún no he quitado,
está haciendo justicia por mí.

De corduras y locuras

Si recuperara la cordura
tiraría disfraces que me han acompañado
como el de hippie de los 60;
dejaría de ser silvestre,
usaría alhajas y anillos que aborrezco,
hasta tendría olor a naftalina.

De perder la locura que me acuna
no tendría sueños alados,
envejecería veinte años.
Tal vez me reiría, pero nunca de mis ocurrencias.

Renunciaría a juntar semillas de girasoles
para sembrarlas en tu campo soleado.

Me acostaría temprano, porque es en la noche
cuando salen en medio del cerrado silencio,
los síntomas más claros de fresca locura
para regocijo de mis musas .

Quemaría todos mis poemas menos uno,
ese que me lleve a recordar por siempre
lo lindo que fue vivir sin cordura.

Deuda pendiente

Hay una deuda pendiente
cuando el cielo cayó sobre mí
provocando la pena de la desilusión.

Cuando llegaste, eras espuma de mi mar,
encontraste la puerta de par en par
de mi sed e inocencia.
Te di de beber de mi manantial
y de mieles se vistieron los días.
Y en el camino recorrido, al mirar atrás,
descubrí las huellas de tus pies traicioneros,
el sarro de tus ojos
con residuos de una verdad desconocida.

Las olas alborotadas, se llamaron a quietud,
la fiera agazapada se rebeló en un salto al vacío…

Y aquí, en la nada, hago cuentas
descubriendo esa deuda pendiente
de un tiempo perdido, robado,
y que hoy noto su ausencia.
¡Qué manera cruel de perder el tiempo!

Ignorada

Soy ignorada   no existo para ti

No importa, nada importa.

Puedo ser feliz sin tus ojos de

hiel,

     Esos,

que gotean estalactitas

       en cada parpadeo

Sobre el tapete

Dejé sobre el tapete mi sencillez
Tú colocaste las llaves de tu auto.

Puse mi honestidad, subiendo la apuesta.
Ubicaste las tarjetas de crédito como respuesta.

Tomé mi decencia, humildad, y miles de defectos
y los desparramé por todo el tapete.
Furioso, pusiste las cuentas bancarias
y , con dolor, hasta tu hambre de gloria.

…Y sin darnos cuenta,
ambos quedamos desnudos…

En la profundidad de todo

Estuve ahí
en la profundidad de todo
lejos del cielo,
aunque de eso
no puedo hablar…
las palabras se secaron
junto a la última lágrima,
el susurro
se hizo viento,
y yo estuve allí
con la infelicidad necesaria
para agotar los pulmones
y no querer volver.

Vete

No me inquieta ver tu foto
ni la de todos tus muertos.
No saldrá de mí la ira
ni el rechazo compulsivo.
Solo sigue yéndote a donde quieras
pero que sea lejos… muy lejos,
tan lejos hasta que te tornes
inalcanzable para mi memoria.

Calles de Diciembre

Comienzo a transitar las veredas más incómodas
la calles de Diciembre que me caen encima
que envuelven ausencias y distancias.

Son las calles de Diciembre
las que inauguran un nuevo campo santo
donde serán enterrados los ayeres,
junto a todo lo no vivido
todo lo que pudo ser y no fue…

Fueron derrapando auroras
en las esquinas adyacentes,
once cuadras antes,
y a pesar de haber buceado el lodo
aún sigo de pie.
¿Será que el horizonte no me encuentra
y me permite caminar estas calles
por algún designio particular?
No lo sé… pero una vez más,
estoy andando las calles de Diciembre

Letras con ritmo

Confidencias

Si yo pusiera en la balanza
la eternidad y tu belleza,
si yo escribiera en las estrellas
llegando a tu orilla mansa.

Si yo encontrara adentro mío
el alma que hace mi reposo
modificando a mi antojo
el fuego de mi equilibrio.

Conjugaría
la voz en armonía,
con instrumentos
de amor y fantasía,
sin armamentos
con solo poesía.

Si yo cantara lo que escribo,
si descubriera melodías,
si transcribiera mis manías
de hacer la música que archivo.

No entenderían la locura
de amarte hasta el infinito,
de saber cuánto necesito,
tu bocanada de frescura.

https://app.box.com/s/v1tq02qgdcpas1p7geyp

Todas las rosas son de Ana

Cuida bien de Ana
dale amor y risas
no le guardes nada
cuídala y confía.
Descubre a la niña
siente su ternura,
nunca la lastimes
forma parte de su vida...

Todas las rosas son de Ana
también las olas y las aves,
besa su rostro de porcelana
sintiendo el fuego de sus naves.
Todas las lunas son de Ana
y el tierno brillo de la mañana

Ámala sensible
dale frescas gotas
de un amor sincero
en vuelo de gaviotas.
Deje que se adueñe
de tu miel y rezos,
sé su compañero
y amante de sus besos...

Todas las rosas son de Ana,
sus sueños vuelan con la brisa,
todos los soles son de Ana
irradia luz con su sonrisa,
descansa en Ana todo el amor
cuídala bien... que no sienta dolor...

Todas las rosas son de Ana
también las olas y las aves,
besa su rostro de porcelana
sintiendo el fuego de sus naves.
Todas las lunas son de Ana

y el tierno brillo de la mañana
cuídala bien… que no sienta dolor

https://app.box.com/s/mxrdwnnaez3e62ktakvk

Niños dioses

Desde el Cuzco hasta el Llullaillaco
van tres niños dejando su estela
sin saber que estaban destinados
a dormir para agradar a Inti,
a morir para agradar a Inti.

Se abrazó a la montaña vida
de los niños de orígenes Incas,
cerca del sol la eternidad vio su luz,
cerca del sol ellos dormían;
cerca del sol la ofrenda se haría

Estribillo

Niños dioses, sus sueños se echaron a volar
un cóndor en lo alto su alma cuidará
y entre el viento hallarán la paz

Adolescente- Rap urbano –

No quiero estar sentado detrás de un escritorio
caminar con saco o cargar un portafolio.
Soy ave libre que vuela entre las ramas
si me haces una sonrisa me instalo en tu cama.
Ando buscando mi maldito rumbo
quiero encontrar para mí un lugar en este mundo .
Mi destino dicen que está escrito
-no sé a dónde leo ese manuscrito-
que me indique desde mi interior profundo
hacia dónde va el camino por el que transito.

No sé qué haré con mi futuro
pero de algo sí estoy seguro
es que no me verán de oficinista
ni de muchas otras cosas que hoy tacho de tu lista.
Algunos piensan que todavía no maduro,
puede que esto que te diga te parezca duro,
no soy un joven ni seré un hombre conformista
me levanto a la mañana y me descubro optimista.
Mi buen destino, aún incierto, aventuro.
Confía en mí y **seré protagonista.**

Por eso hoy

Llevo en mi ADN sus principios,
traigo la mirada de fiar,
soy una energía que florece
Cuando me decido despegar.

Y es que desde chica he vivido
en plena libertad de pensamiento,
me enseñaron tantas buenas cosas
que las voy sembrando con el tiempo.

Estribillo

Por eso hoy, quiero cantarles
y al mundo sumergirme en armonía,
estoy harta de esas falsas agonías
que debilitan la esperanza
y se comen la energía.

Por eso hoy, quiero cantarles
que la vida me bendice una vez más,
que no canto mis canciones,
pero riego sensaciones
de mi historia, mi verdad.

Si algo hice mal, yo me arrepiento,
me enseñaron a pedir perdón.
Entre lo bueno y malo yo distingo
y en mis letras dejo siempre el corazón.

No me importa desnudar mi alma
siempre me manejé con dignidad
dejo mi legado en varias cajas
cajas de cartón de honestidad.

Estribillo

Es mi estirpe la de los humildes
no me importa la moneda cruel.
Aprendí de mis amados padres,
en aquellos tiempos de crecer.

MARCELA ANDREA LOTTA

MARCELA ANDREA LOTTA

Nacida en la Ciudad de Buenos Aires - Argentina, el 29 de Septiembre de 1964, hija única de Luis Enrique Lotta, contador autodidacta y Regina Bietti, docente y poetisa aficionada.

Contadora Pública recibida en la Facultad de Ciencias Económicas de la Universidad de Buenos Aires a los 23 años de edad, visiblemente sensible y apasionada por las matemáticas como así por las letras, su mejor manera de comunicarse y expresar sus emociones.

Escribe desde su adolescencia y actualmente participa en el Portal Literario de Internet "Versos Compartidos" compartiendo sus letras y moderando los foros de "Prosas muy cortas" y de "Versos que son canciones", donde fue reconocida con varias distinciones a sus poemas y prosas.

Compuso letras de varias canciones entre las que se destacan "Confidencias" y "Todas las rosas son de Ana" con música y voz del talentoso músico uruguayo Daniel Borrell y "Niños dioses" con la música exquisita del guitarrista Miguel Vran.

Actualmente entre las horas libres que le deja su profesión, prepara nuevas ediciones de poesía y prosas.

INDICE

Dedicatoria 5

Prólogo 7

Todo el amor 9

Encuentro de soledades.................................11

Atrapando el cielo 12

Los niños han crecido....................................13

Mi poema más triste.....................................14

Amor maduro..15

Observándote 16

Quisiera ser esa...17

Silencios enamorados....................................18

Reinvéntame...19

En aquel momento.......................................20

Palabras entrelazadas 21

Un día de lluvia..22

¿Será pedir demasiado? 23

Designios escondidos....................................24

Soy frágil 25

De una y mil maneras....................................26

Un color............ 27

Intuirte..28

A tu boca...29

En tu alma.. 30

Qué hay después de ti 31

Vestida de vos.. 32

Hasta el último de los días... 33

El mejor refugio 34

La novia florece 35

Miradas 37

Imagen reveladora.. 39

Ahí está el poeta 40

Caminos............. 41

Las cosas 42

Mi árbol de notas musicales 43

Piedra libre, Ave Golondrina....................................... 44

Va paseando la luna 45

La florista 46

Montañas 47

La mendiga 48

Trayecto... 49

Campos florecidos de lino 50

Espantapájaros... 51

Astillas de mis egos 52

Contrapunto 53

Duerme mi pequeño angelito 54

Indefinidos... 55

Buenos Aires mi ciudad 56

Soy humo tóxico 58

Tiempos de nostalgias 59

Luna enamorada 61
Los suicidios en papel 62
Algún día.. 63
Se fue al atardecer 64
El hueco en la cama 65
Parte en dos mi pecho 66
La niña que vive en mí.................................... 67
Camino por la soledad 68
Si nada es al azar 69
De corduras y locuras 70
Deuda pendiente 71
Ignorada 72
Sobre el tapete 73
En la profundidad de todo............................... 74
Vete.. 75
Calles de Diciembre 76

Letras con ritmo 77

Confidencias 79
Todas las rosas son de Ana 80
Niños dioses 82

Adolescente- Rap urbano 83

Por eso hoy 84

Fotografía Autora.. 86

Biografía Autora 87

www.ingramcontent.com/pod-product-compliance
Lightning Source LLC
LaVergne TN
LVHW021614080426
835510LV00019B/2559